SOL INVICTO

SOL INVICTO

Cristina Migallón

© Cristina Migallón

© Fotografía de portada: Cristina Migallón

© Añil desarrollo gráfico, S.L.
Mahalta ediciones es un sello editorial de Añil desarrollo gráfico, S.L.
www.anil.es
www.mahalta.es

Primera edición: diciembre 2023

ISBN: 978-84-126916-4-1
Depósito Legal: CR 1128-2023

Impreso en España
Diseño y maquetación: Añil desarrollo gráfico, S.L.
Impresión: Safekat, S.L.

A mi padre, Eulogio, por su amor y por darme la vida.

A Gaetano Chiappini, por su amor y sabiduría,
por recordarme la luz.

Y en el aire, la luz:
vivir a sangre limpia y ancha,
ser árbol del valor pese a las ramas muertas,
pese al cuajado viento
de la duda.
ANTONIO DAGANZO

Hay que estar muy adentro
en la circunferencia de la noche
para encontrar las cosas que nos salvan la vida.
BASILIO SÁNCHEZ

A propósito de *Sol invicto*
[o en torno a un sol invicto]

La sabiduría hindú del *Upanishad Kathara* dejó para la eternidad un proverbio del que se haría eco William Somerset Maugham, el gran escritor británico, en una de sus más célebres novelas: «Arduo hallarás andar por el agudo filo de la navaja; y penoso es, dicen los sabios, el camino de la salvación». Amigo lector, amiga lectora: cuanto vas a disfrutar en las siguientes páginas es el debut poético de Cristina Migallón, una vez que concluyan las breves líneas de este prólogo; y sí, cuanto habrás de encontrar tiene mucho de camino de salvación denodadamente buscado. Claro que los versos de *Sol invicto* —que así reza el título de esta bella obra— no dejan de avanzar por el agudo filo de la navaja. Lo que ocurre es que a la autora le debemos un pequeño gran milagro: la habilidad de no transmitirnos, en ningún momento, la sensación de nada arduo o penoso en la cristalización de sus inspiradas composiciones. Cierto que «la premura de la luz / por acoger nuestra caricia eterna / deja estelas de fragilidad», pero no le va a la zaga la poderosa impresión de que «ahora queda el consuelo / del río solar que promete ser / fuego, viento y cántaro en las manos»; cierto que el horizonte puede llegar a atragantársenos, pero siempre resultará posible «respirar un poco de luz» al sentarnos para tomar conciencia de nuestra propia realidad. Y también de la ajena, con todas las sutilísimas connotaciones que el juego lírico permite: «Si espero que des señales de vida, / me ausentaré de mí / dejando un vacío // inexplicable / en el jardín de alguien // que se detuvo en mi mirada».

Dueña de un estilo palpitante, y de un modo de poetizar flexible, certero en esos golpes de voz que determinan el carácter cabal de una composición —esos golpes de voz cuya principal virtud radica en aunar el fondo y la forma sin que la forma invada el fondo y lo desvirtúe—, Cristina Migallón sabe que hay «cúpulas de piedra / en cada hombre»; que «despacio, / apuntan hacia la lejanía»; y también que el silencio «reposa y descansa / como un tigre en la rama de un árbol». Quizá porque el camino de salvación que nos propone sea, en realidad, un camino de perfección. «Yo nada tengo que purgar», escribió Juan Ramón Jiménez en aquel poema sublime donde la anhelada figura divina no era ni «redentor» ni «ejemplo», ni tampoco «padre», «hijo» o «hermano». Y la autora, aquí, sale a pasear «sobre el frío» y entra «en una cueva que aloja/ el sol invicto que me guía y me acoge»; ese «sol invicto» que habrá de renacer «entre colinas», y en torno al cual el pulso cotidiano de la vida o los recuerdos, los amores y los desamores, los paisajes del exterior y aún más los del interior, orbitan con la seguridad de lo anhelado. O mejor dicho: con la seguridad de lo logrado en el anhelo.

Cuentan que Jorge Luis Borges sentía devoción por cierto verso de Víctor Hugo. Y que solía citarlo en su lengua original: el idioma francés para el que fue concebido. Incluso no faltó alguna oportunidad en que llegó a postularlo como una suerte de libérrima definición de la poesía; o de epítome del espíritu mismo de la poesía, nada menos: *C'était l'heure tranquille où les lions vont boire.* De tal hora tranquila y de tales leones que se aproximan a beber; de tal voluntad totalizadora que cuaja en una imagen de plácida fortaleza, participan las creaciones de Cristina Migallón en *Sol invicto,* donde pueden leerse estos cuatro versos de aliento encomiable: «La piel se me hace brisa, / y en ella ríen las alas de todos los pájaros / que me han visto / desde la altura de todas las edades». Es un hermoso libro, enormemente prometedor de más hallazgos, el que en tus manos tienes; del que ya te dispones a gozar, amigo lector, amiga lectora.

Antonio Daganzo

Eternidad

PREMURA

La premura de la luz
por acoger nuestra caricia eterna
deja estelas de fragilidad.

Encima de las baldosas
permanecen en la inquietud las flores
de un goce tan niño como gris.

Los músculos del pasado,
de joven plata unidos al nacer,
gritan ateridos de frío.

Los cegados nos saludan
sin saber que tenían una cita
al otro lado de la puerta.

Ahora queda el consuelo
del río solar que promete ser
fuego, viento y cántaro en las manos.

SAVIA

Cuánto sabrán los árboles.
Permanecen en la montaña,
aman sus hilos maternales.

El viento noble de las cumbres
susurra el aliento de hogueras
que nos alumbran en la noche.

Las nubes vuelven a pasar.
Ya no son las mismas de ayer,
pero nacieron de la misma agua.

TE ENCONTRÉ

Te encontré en la hoja tumbada en el suelo
y en el pájaro que anida lento,
en la caricia inesperada
y en todos los paisajes.

Te encontré cuando todo estaba vacío,
a pesar de las ermitas,
como las piedras se dejan ver
al paso del agua en la corriente.

Desconocía tu dorada infinitud
grácil y ligera.
Se me escapa de entre los dedos
al mirarla con mis ojos,
crédulos de vida.

He agitado banderas de espera
hasta nublarme por dentro
y me estremezco
al escuchar mi nombre en tus labios.

Te encontré en una piedra,
sentado,
mientras pasaba el invierno.

Del mar

El mar le debe su claridad a las estrellas.

Basilio Sánchez

Del mar siempre se espera la llamada,
el agua que murmura,
la ola crepitante
al chocar con los sueños del amanecer.

Los pescadores en sus velas recogen
la luz cenital de la tristeza.
Siempre se esperan sus voces,
astillas de terror marítimo,
ecos de nuestros días.

La otra cara de la luna
ha dejado de esconderse
y se ha desnudado.
Nos revela la belleza
de su negrura intacta.

La marea febril oculta los desvelos
llamados a la luz de la sizigia,
mientras los hombres
apuran orillas de mar,
como peces en las redes
del tiempo.

A UNA ESCULTURA: «DESOCUPACIÓN DE LA ESFERA» DE OTEIZA

Se escapa la blandura quebrada.
En la calle de al lado
los antepasados saludan
a la eternidad.

Me dirijo hacia un norte impensable,
empujada por otra que es más yo,
más yo que todas,
que es todas juntas,
que habita en el hueco de las esferas.

Los días traspasan las paredes
como si nada.

Quedarán los rostros anónimos
para transpirar cada nocturno aliento
como adoquines de la acera.

Ya no hay imperios que salgan en la caja tonta,
todo se escurre como el agua en la ducha.
Entre mis manos,
la nueva tierra.

ESTÁS AQUÍ

Te busco en el alféizar de la ventana.
Un gorrión trae semillas en invierno.

Oigo tu ternura en mi espalda,
y es solo un pasado tibio.
Sonríes,
pero no oigo tu voz.

Busco entre mis manos
tu respiración,
a mis versos reclamo
tu hálito,
imploro al río
lo que el agua no puede darme
y me seco entre las piedras

sin más vida que tu rastro.

CRISTAL DE ALMAS

A Juan José Alcolea

Baila una luz frente al agua.

Hoy las flores callan su color,
sin decir tu nombre,
que no les duelan los pétalos.

Siempre encuentra un momento exacto
esta memoria
para recordar el quejido.

El trino de un pájaro
aniquila añoranzas,
hasta hacerse puñal,
tuétano de solsticio.

No regalarme más tu palabra,
no escuchar más tu voz,
no poder decirte ahora
y saber que en tus labios
gimen blancuras de nieve
que se deshielan entre los días,
porque tú eras vida de flores,
eras cristal de almas,
eras luz entre ansias y versos grises.

El hielo sobre la hierba.

Te has ido,
como el agua del río se desvanece,
a otro estado del alma.

Pero ¿qué es de aquel que conoció la nieve
y la tuvo entre sus manos,
congelada?

SIN CIUDAD PROPIA

Los frágiles pájaros esperan en la rama,
estremecida.

El liquen amanece abrazado a los columpios.
Se oyen las risas enredadas
de los árboles.

Si te invoco,
se me ilumina la boca de pensarte.

He contado los pasos
que me separan del último recuerdo,
para hacer de la memoria
vida eterna,
para sentirme cerca de tu palabra,
para aliviar este dolor de caminar
deambulante,
como de un país a otro,
sin ciudad propia,
sin saber que me he cruzado con alguien,
un ser nuevo
que me ha mirado,
pero mis ojos no estaban
ni en esa calle
ni bajo la techumbre de ese encuentro.

En un instante
las rosas se olvidan de la ceniza
que hoy es despertar en la ternura.

QUIERO CONOCERTE

Quiero conocerte como se conoce el aire,
como se revelan las huellas de un camino,
como la noche penetra
entre los granos de la arena.

Quiero descubrir los lunares de tu espalda,
el clamor de tu piel,
tu altitud.

Quiero comprenderte,
ahogar tus palabras en mi boca,
tu silencio en mi desnudo.

Quiero ser tu ave nocturna,
el rumor de las olas,
la forma de las ramas en el árbol.

Quiero tanto y tan poco.

CÚPULAS

Hay cúpulas de piedra
en cada hombre.
Despacio,
apuntan hacia la lejanía.

La mujer entraña el aliento
de su miedo de mujer,
perdida en su extremo vientre
despeñado entre grietas,
redondas.

El niño afloja el paso.
Se pregunta qué fue de los bosques
de madera labrada en la tierra,
aquellos en los que retumbaban
lirios de frescos timbales.

Las cúpulas son
aspas de espino.
Al pisarlas,
desaparecen
entre los frescos de la Capilla Sixtina.

El silencio

Dejemos el silencio en paz,
sin nuestras hojas de reclamaciones,
sin aquellos fragmentos de existencia
en los que el ruido nos inhala.

Dejemos el silencio en paz,
ese estado que dejan las palabras
al otro lado del coraje
y los actos
en el lugar de los tiempos.

Es así,
como el silencio reposa y descansa,
como un tigre en la rama de un árbol.

LAS LLAVES

He traído llaves bajo la ropa.
Los pactos de ayer corren como ríos.
Hemos dicho palabras,
juramentos del cuerpo.

Han venido al calor.
Algunos se apresuran
en la levedad de los crisantemos.

La sombra de los robles.

La claridad
de madrugada.

Alrededor de la fuente, quietud.
Quedarán ancestros sobre las ascuas
mientras discurra el agua de los ríos,
mientras manantiales de nuestro ardor
liberen el rastro de las promesas.

He encontrado detrás de las montañas
la cicatriz perfecta,
la herida que se abrió como una cueva.
Es todo mi equipaje.

Vengo para beber el agua de las flores.

Un lugar

Existe un lugar
que se parece a un destello,
un encuentro pasajero,
desde la temeridad de un café.

En ese lugar suceden
los encuentros incandescentes.

Planea cerca un rumor de vasos.

Los extremos de la ciudad gotean.
Las sillas amasan la memoria
de los que caminan sin mirar.

Al entrar en el bar,
se me atragantó el horizonte.
Me senté
a respirar un poco de luz.

BRUMA

La bruma espera el soliloquio de las semillas.
En los acantilados enmudecen
los albores en paz.

Duermen abrazadas en hileras
nuestras oraciones de ayer.
Escuchamos el compás
bajo los árboles.

Ya no hay desierto para un sol
que augura el verdor en las llanuras.
Ya se bendice el latido
germinado entre rocas y vientos alisios.

Las aves inician ese vuelo que anhelan
como la fragancia de un amanecer.

QUÉ SERÁ

Qué será de los días que soñamos,
anhelos de una cúspide que duele,
nuestra flor acanto de madriguera.

Qué habrá de ser penumbra,
adalid de la más oscura luz.

Habrá la lumbre en los caminos,
será la fortaleza inicua
de quien se sabe
centro y periferia,
segundo y hora,
cristal de fragua,
hierro
y mar.

Raíces

De la tierra ha surtido el fuego
y en mis manos ha dado forma
a los pájaros.
<small>CHANTAL MAILLARD</small>

ESTE ÁRBOL

Me siento en la meseta de mi pecho
y los dedos se entrecruzan
con mis raíces.

El paisaje vigila un péndulo
incrustado entre grietas de palabras
no pronunciadas.

El espacio se oculta tras un reloj
que anida en los albores
de mi complot interno.

Entonces, el mundo es un descanso
entre alientos.

Yo me quedo preñada
del tiempo,
del todo,
de la vida,
de mi hijo entero.
¡Cómo me alegra ser este árbol,
cuadro de telas crudas, desnudo,
que comienzas a vivir,
rejuvenecido!

ACTO REFLEJO

Ante las nuevas hojas de cristal
caídas en la tierra,
descubro mis huesos.

Ante los brotes que anuncian abril,
te doy mis llagas.

Ante los cuidados del sol negro,
enhebro mi acto reflejo:

he nacido.

Ahora, mecida por la luz del parto,
soy nueva cría en la recóndita tierra.

Mis ojos ven entre orillas.

Mis manos descubren flores
con perfume a eternidad.
Oigo la maleza y las ramas
en un abrazo sonoro.

Las praderas se encienden de antorchas
que felicitan el día
bajo un manto más azul que el mar.

La piel se me hace brisa,
y en ella ríen las alas de todos los pájaros
que me han visto
desde la altura de todas las edades.

El paisaje, hecho de arena, nieve y arroyo,
gesticula colinas geométricas.
Se abren los pozos de las casas
y emerge el agua de antaño
para ser cima de monte y crepúsculo.

El adobe engulle la hojarasca de amaneceres
que se perdonan entre sí.

AGUA DE POZO

Cada vez que nos nombramos
se nos desnudan los huesos.
Nuestros pasos se convierten en las gotas de un pozo,
que resuenan en la piedra.
Así la vida, en oquedad,
deja pasar el halo de la luz.
Cada vez que nos miramos
se vierte todo el tiempo del mundo en nuestros ojos,
dejando que los días sean
solo el adhesivo al que se pegan los acontecimientos
para ser algo en nosotros.

¿Quién no se ha visto a sí mismo en el horizonte,
como el montañero atisba la cumbre que tanto ansía?
Permitámonos ser esa cumbre que,
entre la hojarasca de acontecimientos,
se busca y se siente como el agua de un pozo.
No se ve en la oscuridad,
pero se sabe que está cerca,
porque el frío de la humedad
y el olor a cueva están próximos.
Da lo mismo mirar para otro lado,
nadie nos observa,
no hay un cualquiera por quien importe ser.
Las gotas, una a una, son
la importancia de las mañanas.
Poco a poco, el agua se ama
con nocturnidad submarina.

AQUELLOS QUE NACEN
EN LAS COPAS DE LOS ÁRBOLES

Bienaventurados
aquellos que nacen en las copas de los árboles,
el frío mecerá el compás de su espera,
álgido y aéreo,
hasta la llegada de la primavera invencible.
Será así como se pose
en la piedra inerte
la blanca luz de febrero,
como rompan las estructuras
la solidez de la oscura noche
y quiebre en pedazos
la voz dormida de los que hibernan.
La Humanidad, terciopelo,
como la hierba del monte,
a veces sirve de pasto
para los que rumian,
que se sostienen sobre sus piernas huecas,
acartonados en una farsa.
Solo cuando el sol seca sus bocas
se disuelven como hormigas.
La cálida mano redime,
acoge la arcilla.

Siempre quedará el verano
para tumbarse y deshojar el destino
sobre cada brizna verde.

TRAS EL ALMENDRO

Abril de ojos
que se cruzan en las colinas.
Hoy la sierpe de la calle
lleva el aroma del pan caliente.
La casa se habita:
la contemplación de un todo.

Tras el almendro,
su sombra sobre la valla.

Tras el aire de marzo,
la aceptación de todas las sombras
y el perdón del dolor peor transitado.

Hoy me pareció ver a mi padre
subido en la aurora,
era tan solo un ave
que volaba alto.

QUEDA ATRÁS

Salgo a pasear sobre el frío,
bordeando los silencios de la tarde
y entro en una cueva que aloja
el sol invicto que me guía y me acoge.
Su luz palpita
entre rojos cipreses
y el crujir de las lavandas prematuras.
Queda atrás la soledad
de las batallas en acantilados,
la estrechura de los tropiezos,
la negrura.

Sobre el tránsito,
se deshacen en alondras
los recuerdos.

El sueño del destierro

Se nos vino la luz
de golpe y tan temprano
que aún llevamos el sueño entre los ojos.
ANA GARRIDO

Sentir un destierro forzado
soñado en la oscuridad de un ángel
es caballo que corre,
agua nocturna.

Dejar que el gozo penumbre
la violencia del futuro
es hechizo que puebla,
almizcle en el barro.

Atardecer entre las manos
acogedoras de mi soledad
es reposar en el nido
de un higuera.

ABRAZARSE

Abrazarse
siendo los montes en la cordillera.
Nos reconocemos en el aroma de la rosa.

Abrazarse
por querernos más allá del desierto.

Abrazarse.
Juntos y leves.
Damos vueltas como una peonza
que gira hasta la extenuación.
Tras el encuentro,
quedan círculos en la arena
que no hemos dicho a nadie.

He nacido

He nacido entre fresas y lilas.
Cerca de una tormenta de fuego.
Las nubes se embarraban con el agua
y el astro,
muy digno,
era cristal,
era olor,
era tacto,
era tierra
allá en lo alto.
No puedo imaginar qué era ese día de abril,
pero sí puedo recordarlo.
No puedo saber si llovía,
pero sí sé que hacía frío.
No puedo saber si era un día triste,
pero sí que mi corazón latía
como el sol digno
que cada mañana
se levanta
para recordarme
el mes de abril.

LO QUE TENGA QUE SER...
¿SERÁ TENIDO EN CUENTA?

Viniste sin avisar
porque sabiéndote
nada habría cambiado:
tus espejos serían los mismos
tu mirada, mi revolución:
tu deseo,
mi niebla.
Y esa profundidad mía
en la que me desconcierto
es donde tú habitas.
Ya no eres un recuerdo,
el fantasma de tu sombra ya no me asusta.
Ahora me inquieta
mi anhelo inamovible.
Tengo la corazonada de que esta vez
mi intuición no quiere decirme nada,
al menos, nada nuevo.
Será que lo que tenga que ser...
¿será tenido en cuenta?
El amor reside en tu presencia.
Tus pasos me crepitan,
esa mueca cuando sonríes
me anhela por dentro.
Amor en tus palabras
cuando me preguntas: ¿qué tal?
y ese ¿qué tal? suena
como dos campanas en primavera.

SE OYEN CÁNTICOS

Se oyen cánticos.
Vienen de las cuevas.

El coro dibuja
en las cornisas de las ventanas
una melodía
doblegada a la tarde.

Sus miradas se alargan desde la madrugada.
Los ojos confían en la eternidad del cáliz.
Se doblan en su ceguera
hacia un abismo seco.

Sus voces,
reunidas en la gravedad,
alzan un canto que redime,
como el hueco de una piedra en la tierra
al borde del río.

El día tiembla y se aferra.
De penumbra se sostienen las esfinges.

Decidimos el pálpito
a pesar del viento húmedo,
aun cuando el fuego de la noche
hasta las uñas hace crepitar,
y nos deja de esqueletos un rastro,
antes robles y bellos cedros.

Ya los pasos no caminan en hexágono.
La ciudad se ha desvestido vacía de sangre
bajo el cristal de una bóveda.

Queremos pisar la tierra
que nos vio nacer
y en la que hundiremos nuestra memoria,
pero no sin antes
acogerla en nuestros laberintos,
perfiles de una existencia
relativa.

Las heridas, en sus cantos,
se curvan
como helechos escondidos
en mayo,
enmudecidos de sal y azufre
por esculpir a escondidas
los dioses de la eternidad.
Nuestro camino se hace a ritmo de tambor,
de silencio
y de respirar.
Latidos que se impregnan en la arena,
sacudidos hasta la parada final.

Bebemos hoy el vino del alma
en un cuenco
que solo pueden moldear nuestras manos.
Nos añadimos como farolas a la noche.

Nos lavamos la cara con la miel y la tierra áspera,
hasta dejar seco al sol de tanto mirarlo.
Los cánticos del coro nos alumbran,
vespertinos.
Nos recuerdan el mundo.

No puedo pediros que seáis felices,
eso sería vender mi voz,
una pluma vieja que ya no vuela,
una vaga cortina de humo.

Os pido que resucitéis,
como el coro que se encuentra
al final de todo,
sabiéndoos albatros,
por encima de los acantilados
que se prisman en espejo,
sin importar la altura ni el esplendor.

Que la luz caiga sobre vosotros.

Os lo pido, cantad,
cantad,
y que sea en domingo.

Intimidad

El aire era de luz. De luz la vida.
De luz ese clamor que fue granando.
De luz busca mi voz ser tu medida.
JUAN JOSÉ ALCOLEA

LA ROSA

Se apaciguaron los hilos
de tu débil apariencia,
en la bondad de tu valor
se encendió la blanca rosa.
Deja que la luz te mire
en la vigilia de tu alma,
sé palabra que se teje
con el cántico del alba.

CÚSPIDE

Nos quedamos en la cúspide
para declararnos anidados.
Todo gira en torno
a un aliento leve.
Desde los charcos en la noche
hasta el despertador en la madrugada,
hemos de subir entre las rocas,
dejarnos caer en el aire
y mencionarnos en la mañana.

EDAD

Cumples más de mil años
entre huecos de animales.
No has dejado que pasara el minuto,
has sido fértil en cada gota
y el desengaño no te ha dejado huellas
de las que luego pudieras arrepentirte.
¿Qué has perdido al caminar,
sino alguna magulladora poética
y gentiles heridas en un yo rehecho
durante una eternidad?

La edad del tiempo
parece un agitación en el agua,
un remolino en los arrecifes.

JUEGO

Quiero ser, por un momento,
un juego de canicas
para deslizarme entre los besos de tus dedos.
Entre las cosquillas que me haces cuando estás
y los dolores que me causa tu ausencia,
mis articulaciones
no paran de buscar
la postura adecuada.

Nombrarte

Se me humedecen
las amígdalas de tanto llamarte.
Solo mecida,
entre los flecos
decrecidos de la cortina,
soy capaz de ser mi voz.
Y te nombro entre los hombres.
Y te creo.
Y me amas en todos los idiomas.
Y tu corazón me dice sin palabras
que hay un dios en el que anidamos.

El baño

Estremecerse
como una pluma sobre la jabonera,
y achicarse.

Enmudecer,
hacer silencio,
oír las gotas de agua
que empañan el cristal de la ventana.

Hay días en los que me diluyo, quieta,
en mi realidad.
Y me doy cuenta.
Todos concebimos
días acuosos.
Es cuestión de darse un baño
aunque no siempre apetece mojarse,
empaparse hasta las células,
dejar que el aire acuclille el orgullo del día,
¡es tan fácil sin pensarlo!

EXPECTATIVA

Si espero que des señales de vida
me ausentaré de mí
dejando un vacío
inexplicable
en el jardín de alguien
que se detuvo en mi mirada.

HAY

¿Por qué llamar caminos
a los surcos del azar?...
Todo el que camina anda,
como Jesús, sobre el mar.
ANTONIO MACHADO

Hay un cristal
y un ángel.
Un vellocino de oro
y una estatua amoratada.
Hay una lucha de titanes
y unas palabras que hieren.

Una gigantesca ola
y un perdón.

Hay una boca que nombra
y un universo.
Una esfinge nueva
y un camino que seguir.
Los dos lados de la moneda
y una sinuosa realidad.

En las grietas de la montaña
el viento sopesa su destino.

Punto final

En el mundo la infelicidad es tuerta.
Eres occidente, partida.
La pirámide de una destrucción.

Te configuras para una pelea de patos
ennegrecidos por la multitud.

Soy la puerta trasera de tu triste final.

No sabes que al doblar la esquina verás
éxtasis de flores en la hamaca del patio.

No olvidarás
el revestimiento de luces enfrentadas en una acequia.

Dibujo la muerte de los niños que no crecen.

Los ángeles aúllan en la morada de un dios
que dispersa la basura
del hombre que le crea,
y que le destruye.

Estío

En la verja de la casa las rosas se esparcen.

Se ha levantado pronto el alma.

Del grifo solo salen te quieros
y he cambiado el calendario de imprevistos.
Ha llegado la algarabía de junio
para hacerme caer de rodillas,
para dejar que el solsticio, el otro,
tome su asiento
en el caer de los días.

La tierra huele a polvo del estío,
la dama de noche saluda a los transeúntes,
nos invita a un sosiego alegre.

Tras la noche de San Juan,
no queda más que un tiempo
de sol a sol.

Me perteneces

Me perteneces sí, porque te pertenezco,
a esta hora extraña del día, casi apelmazada.
Y aúllas cuando no notas mi regazo,
sucumbes a una presencia, la mía.
Me llamas por teléfono,
te pareces a esos delfines
que hablan con sonidos desconocidos,
pero henchidos de vida.
Me cuentas, me citas, me nombras, y me ríes.
Y, aparte de todo, estás ahí, cubierto de ti,
de un lodo gigante
que emigra desde las pestañas hasta tus pies,
desde tus abuelos hasta tus hijos,
desde tu madrugada hasta tu adiós,
estás ahí, y me gritas que todo va bien
para que yo también me ría.

El sitar

Nos apoyamos en el sitar de los tiempos.

Dejamos de embellecer el paisaje
entre nieblas de memorias.

Acaso nos desdice el horizonte
con cada silencio.

Somos un jinete que acelera su paso
entre rocíos de dádivas.
Hay una hidria en la puerta de nuestro nacimiento
que sabe que no hay deshora
en nuestra partida.

Hemos esparcido los dones por la llanura
de lo frágil.
Nos preguntamos si existieron algún día
sin saber que el fruto espera, latente,
bajo nuestras huellas.

Se ha posado una lavandera en el borde del tiempo.

Los restos de una tormenta
se quedan para alimentar la memoria
del color relámpago.

He visto, entre los sollozos del aire,
a una liebre acurrucada.

En la alegría desbordada de una aurora
me despierto.
El canto de un pájaro me recuerda
que estar vivo no es un hecho aislado,
pero sí insólito.

La lámpara de aceite se apagó hace horas,
pero sigo oliendo la esencia de una noche
de rupturas celestes.

Las hojas de los árboles guardan el secreto del agua,
todavía.

Todo amanece tan sereno.

La quietud ha anidado
entre los huecos de las paredes de adobe.

MEDIODÍA

En la aceptación arde el mediodía,
me pierdo en el sostén de la lumbre.

Se adhiere el cristal de lo invisible.

Respiro en la transparencia,
mientras la chicharra canta en la colina.

Soy el sueño que me recuerda en esta hora.

Vendimia

Me llevo la música de septiembre
entre mis abrazos.
Celebro los frutos de cada mirada
entre los olivos de paciencia.

He cosechado a mano tierna cada latido.
Me he inventado cada mañana
un arte nuevo.

Me he vaciado en las estepas de la otredad
con la esperanza de llenarme ahora.

Presencia

Presencia
en la cornisa del otoño,
sucumbir en el hospedaje del tiempo,
fallecer en la sequía de cada fragmento de hombre,
nacer, ayer, hoy.

Se desbocan las manos de los pétalos
enlutadas de casi invierno,
hasta dejar que cualquiera que pasea
sea dueño de su trasiego.

Todavía quedan restos de la noche,
huellas innegables del verano,
el mar, el tedio y un mediodía
desvanecidos en un puñado de arena.

Presencia en lugar de aire.

SOLSTICIO

Se quiebran las verdades
ante la edad que deja su más mínima huella.
Cesaron las batallas
del velo del olvido.
Despertamos desde el otro lado del sueño,
en la liviandad,
envueltos por el manto del frío.
Un latido golpea
con la fortaleza de un caballo salvaje.

Ser sublime en la transparencia de un arpa,
en el origen del cordel que nos ha unido.
Jugárnosla a una sola mirada del corazón.

Extrañarnos de todo lo dulcemente nuevo.

Hemos querido afilarnos las sombras
para sembrar la sutileza del aire.
Recorrer sobre el viento
las memorias de nuestros ancestros
y soltar los azotes de los recuerdos.

Dejar que las tormentas se lleven las fiestas
y los delirios,
los miedos y las palabras.

Saborear la tibieza hasta tocar cumbre
y bendecir a este sol invicto en que amaneces
agradecido porque eres carne

tejida en mi alma,
luz divina que saludas al mundo
para ser en cada uno la alegría
de saber que has nacido.

Índice

SOL INVICTO

se terminó de componer
con el solsticio de invierno,
el sol invicto rompe su asedio.